AF168271

Yves COURAUD

Ecrits poétiques

1974-2019

Éditions B.O.D

FSC
www.fsc.org

MIXTE

Papier issu
de sources
responsables
Paper from
responsible sources

FSC® C105338

© 2019, Yves Couraud
Edition: BoD-Books on Demand
12/14 rond-point des Champs Elysées,
75008 Paris
Imprimé par Books on Demand GmbH
Norderstedt, Allemagne
ISBN: 9782322035151
Dépôt légal: mai 2019

Pour Cécile

Du même auteur

Poèmes

Les Céciliennes (Les Presses du Lys -1976)
Memora (Les Presses du Lys -1977)
Les Chimères Intérieures (Les Presses du Lys -1979)
Cris d'Horizon (Les Presses du Lys -1979)
Etoiles et Tripôt (La Presse à Epreuves -1982)
Divergences (La Lune Bleue, éditeurs -1986)
Textes Poétiques 1974-2002 (Le Manuscrit - 2002)
Mush, (D'Ici & d'Ailleurs - 2009)

Nouvelles

Huit Nouvelles d'Ailleurs (Le Manuscrit - 2001)
Historiettes (B.O.D - 2009)
Echafaudages (B.O.D - 2010)

Romans

Demain Paradis (Editions du Cavalier Vert-1997)
Une Ecriture Américaine (Editions du Cavalier Vert - 1999)
Cinq Siècles (Editions du Cavalier Vert - 2001)
Le Guerrier Souriant (Editions du Cavalier Vert - 2004)
Un Jour, le Lac (B.O.D - 2013)
Le Sourire de la Colline (B.O.D - 2018)

Théâtre (avec Arnaud DEPARNAY)

Transhumances (TheBookEdition - 2010)

LES CECILIENNES

1974-1976

C'est une page froissée
Au sortir de l'enfance
Un mausolée d'amour
Au fond de ma mémoire
Comme un grand trou sans fond
Comblé par le silence
Un monument de gloire a
Au sortir de l'enfance

Une bourrasque rude
Qui bouscule le cœur
Un vent glacial et noir
Sans trace ni odeur
Une petite croix
Au sortir de l'enfance

C'est une symphonie
Idéal céleste
Mille doigts fins et blancs
Caressent le piano
C'est une symphonie
Au sortir de l'enfance

Une route sans nom
Où chemine la vie
Un antique calvaire
Qui supporte les vents
Qui support les cris
Au sortir de l'enfance

La liberté sans chaînes
Tourne vers le ciel
Deux bras d'or blêmes
Une rose à la main
Lentement nous appelle
Au sortir de l'enfance.

Et les sisyphes hurlent
Suivis de leurs rochers
Accrochés aux étoiles
Diaphanes de la nuit

Le grand chien répond
Sa large tête aux yeux lactés
Tendue en une colonne de marbre
Gémissant.

Un voile de son cosmique
Crève le tympan
Des nénuphars tapis sur l'eau.

Ils engloutissent l'oxygène.

Un homme puis deux
Et la ville et le monde
Se tordent de douleur
Sous le soleil vengeur …

La flamme de la chandelle
Projette sur le mur
Une ombre de mon âme translucide.
Elle est blanchie par le sourire
Des rêves d'orient
Qui parsèment la nuit.

Une femme au soleil nue
Danse une sarabande
Au milieu des algues marines
Devenues nymphes
A l'aube des tropiques.

L'eau morte sous la glace
Semble un nectar funèbre
Que boivent les ténèbres
De la mort qui se lasse

Tintement du cristal
De mes rêves parfumés
Dans l'indolente salle
Des nuits de noir gantées.

Eaux ! miroir sans fond
Des défuntes années
Quand l'aurore se lève

Soleil à l'horizon…
Son visage tant aimé
Que le destin m'enlève.

Les jours se suivent et se ressemblent
Le long des semaines qui se suivent
Et se ressemblent
Le long des mois qui se suivent
Et se ressemblent
Le long des années qui se suivent
Et se ressemblent
Le long de l'humanité des hommes
Qui se suivent et se ressemblent
Le long de ma plume…
Sauf moi
Et je demeure
Et ne ressemble.

Cécile,
Aux yeux de Nîl

Cécile,
Aux yeux du temps
Aux yeux d'argent

Cécile,
Deux yeux merveilleux
Gris verts bleus
Couleur de brume
Au printemps

Cécile,
Voile de mystère
Que seule perce
La beauté

Cécile…

J'ai brûlé un cierge noir
Dans la cathédrale de l'ennui ;
Là sombre lentement ma vie
Compagne de mon désespoir.

Elle est venue la fin du rêve
Eden doré de mes pensées.

Et la nuit va tomber
Que seule une lune sans tristesse
Déchire avec délectation.
Les étoiles se sont tues
Ce soir
Faute de pouvoir pleurer.

Et les bouches d'égoûts crachèrent
Toute leur misère
Sur la misère du monde
Les métros vomissaient des tonnes
De gens
Ils pleuraient tous
Et le grand démon de feu
Masturbe la terre
C'est du sang qui jaillit
De ses entrailles

Douleurs souffrance
La vie s'éteint sous des torrents
De boue
Moi je veux mourir
Pour oublier ce cerisier
En fleurs d'Hiroshima
Pauvre allumette maintenant

Des briques sur de la chair
La haine sur le sang
Une femme par terre
Son mal n'est pas d'ici
Le frémissement cosmique
Des planètes tournoyantes

M'écrase
Baiser meurtrier de l'espace…

Faire l'amour en écoutant Wagner
Avec, miraculeuse Phasiphae couleur de flamme
Toi, là sur ce divan crocodilesque et vert

Songe désir puis ton corps
Contre le mien
Le ciel l'Eden vision céleste bleutée
Adieu la Terre
Et je ris…

Le soleil est mort ce soir
En un grand sanglot de feu
D'ambre et d'or.
Sur la plaine sans décor
Flotte un vaste miroir
Qui reflète sa lente mort ;

La nuit survient, dernier adieu.
Le soleil est mort ce soir
Et avec lui sombrent mes espoirs.

Un doigt puis ma main
Sur ton corps se posent
Et s'envolent, alcalins
Vers de nouvelles roses.

Il sombre le navire
Dans la marée bleuâtre
Il coule le martyr
Au son de l'angélus

Les ténèbres de la brume
Enveloppent l'écume
Qui glisse dans l'abîme
Cimetière des vivants

La mer est un sombre cercueil
Où crabes et marins
Font un festin de roi

Algues marines et nymphéas
Qui poussent dessous l'eau
S'agitent en silence
Au plaisir des pieuvres
Ventouses attirantes
Symbole de l'amour
Qui attache sa proie
Pour mieux la dévorer

Le navire glisse sur l'onde
Et s'enfonce sans un cri
La vie s'échappe du monde.

Des lambeaux de nuages
Courent sous le ciel
A la recherche de l'orage
Blotti au fond des nues
Long, triste et sinistre voyage…

Et la montre soudain se mit à battre
Le temps aux ailes translucides
Brûlait le vent et la nuit
Deux aiguilles d'or autour du monde
Un peu d'amour
Une odeur âcre de tabac
Qui s'envole en volutes bleuâtres
Enlaçant les bouffées de café
Petits bonheurs
Grande vie…

Nous ne sommes
que les rêves flous
D'une humanité
supérieure de fous.

La mort nous en sépare
cloison étrange
Insondable gouffre
Où s'engloutissent nos pensées
Où notre fragilité de grand homo-sapiens
Atteint la finesse de la dentelle…

Nous ne sommes
que les rêves flous
D'une humanité
supérieure de fous.

Alors le soleil épousa la mer
Et enfanta de la couleur du soir
Où la brume de l'encensoir
Embrasse le grand voile amer
Surnaturel et sombre
Couleur de la couleur de l'ombre
Qui lentement s'insinue
Et enveloppe les nues.

Ainsi naquit le soir
Et avec lui mon désespoir
Divins et célestes rois
Enfants de l'au-delà.

L'oiseau prend son vol
Ailes immenses déployées
Et s'élève, plein de majesté
Pour atteindre l'éther
Indescriptible parabole
De ce poète si éphémère.

Comme le vent libre des nuées
Comme l'enfant dans ses jouets
Comme l'araignée dans le soleil
Je suis heureux au gré du temps
Triste la nuit riant le jour

Comme la cloche tinte dans le ciel
Comme le vin coule dans les gorges
Comme l'oiseau sur son nuage
Je suis prisonnier de la vie
Un homme insatisfait une éternelle image.

Ta chair tendre élastique
Imprègne tout mon corps
D'une brume enivrante
Qui coule sur ma vie,
Ineffable mystère,
En une volute de remords
Qui va se perdre dans l'oubli.

Le vent a des relents de mort
Qui soulèvent les voiles
Des bateaux dans le port
Endormis sous l'étoile

Ils attendent l 'aurore
Et elle attend la mort

La brume chargée d'azur
Va se perdre au lointain.
Sur la grève s'allonge un linceul
Blanc de la couleur du matin

Ophélie, pauvre Ophélie
Tu es morte ce jour là
Dans mon cabaret vert.

Éclat irradieux d'un soleil glaciaire
Baume divin et éphémère
Le ciel orangé de plume légères
Envahit mon être millénaire

La source blanche de feu
A fulminé d'un élan étoilé
Et atteint l'indifférente divinité
Qui se moque de nous et qui se moque d'eux.

Cette nuit chimères étranges
Gnomes vieillissants
Visiteront mes rêves
Accompagnés de cris

« sois sage O ma douleur »
le destin tout doucement
descend

je tombe
araignée prise
dans sa toile.

Ainsi va le monde
Sans cesser
Pour moi
Son inlassable ronde.

Et j'entendis des notes folles
Venues du fond du temps
Qui dans ma tête caracolent
Au fil de mes ans

De la musique venue d'ailleurs
De nulle part sans finir
Que dans une vie antérieure
J'ai cru connaître et applaudir

Quel génie musicien
Etait-il celui-là…

Je parle de demain
Et qui s'en va.

C'est la fête des sorcières
Satan célèbre son sabbat.
Les macabres squelettes
Sortent des tombeaux centenaires
Et arrive le bouc
La reine et le calice
Les hommes brûlent leurs préjugés
Dans des bassines
Où mijotent des enfants.
Soudain
Des cris dans l'assemblée:
Le sabbat explose
Sur le cimetière.
C'est dieu qui donne
Son récital…

Quelques fées incolores
Tout enveloppées d'or
M'invitent à la danse du diable
Danse fantastique et macabre

La roue temporelle
se décèle
Et livre ses éternels secrets

Mon hôte, seigneur Méphisto
M'accroche et marque mon front
D'un triangle sanglant
Et soudain…

L'univers tout entier
devient buée
Brouillard d'une si fragile teneur
Voile arachnéen de légère vapeur
Transparent et flou
de voie lactée…

Et la nuit
Impénétrable.

La mort plane sur la plaine
Un vide infini nous entoure
Les corbeaux sont plein de haine
Pareils à un immense amour.

La vie sous les tristes nuages
Coule à grands flots
De désespoir et d'amertume
Dans les silences obscurs
Du néant.

Tu m'as tué, le temps !
Mais je meurs en emportant
Vingt années de ton éternité.

Entendez âmes morbides
Dans la nuit sans lendemain
La brume retentir du vide
Où hurle le cri du train

Qui passe et va dans l'avenir
Sans m'emmener.
Et je souffre lentement à pleurer
Songeant qu'il me reste à mourir.

La houle de la vie m'emporte
Aux rives du paradis
Quand va s'ouvrir la porte
D'où suint une mélodie.

Je me réveille effrayé
Croyant à l'éternité.
Mais ce n'était qu'un rêve
Une courte trêve.

Je t'offrirai la pluie
Dans un concert de rires

Je t'offrirai la vie,
Une fleur peut-être,
Plus belle que les autres
Qui vibre dans la brise
Comme vibre sur ton corps
Mon corps

Je t'offrirai un oiseau sur sa branche
De blanches robes toutes brodées de lys

Tu m'offriras un éclair de chèvrefeuille
Une odeur sur ta peau

Et puis nous dormirons ensemble
Par une nuit sans brume
Dans un tombeau d'algues mortes
Nos cœurs percés d'un rayon de lune
Avec pour seul témoin
Le regard des étoiles

Et le vent sur notre rêve éternel
Nous dormirons ma belle,
Dans l'amour scellé par le temps
A jamais.

Il se porte comme un crochet
Sans âme
Pendu sous la lune moqueuse
Et crache un sang jaune
Qu'absorbe la terre.

Un homme éventré secoue ses tripes
Dans l'ombre.
Un chat regarde et lisse ses moustaches…
Pauvre bête !
Un civet de boyaux humains
Cuit sur l'huile bouillante
De notre société
De consommation.

« Je te farcirai de dollars
lève-toi et marche
crève-toi et paye. »

Ainsi parla dieu Mammon.
Et sur le chemin de croix
(du business)
l'on vit tous les croyants
Jésus Rockefeller à leur tête.

Désert vert d'arides arbustes
Parsemé d'un maigre sable
Jaune et transpirant.
Une vierge prie
A genoux sur l'étendue sinistre
De la plaine.
Ravages. Trombes de poussières
Qu'un pinceau de fée
Transforme en paradis.
Et l'eau vint.
Fruits gorgés d'amour
Sous un soleil de plomb
Profond des fosses abyssales.
Une nymphe se mire
Sur l'onde moutonnante.

Le rêve meurt d'aimer
Quand la porte s'ouvre
Sur de débiles amateurs d'art
Lunettés, costumés, cravatés…

Je hurle.

Et des rigoles de sang
Tombèrent sur la terre
Venues des peupliers
Qui crèvent les nuages.

Une larme dans l'œil
Scintille le soleil
Et crache le fusil
Caché dans la dentelle.

La bouche avide de la vie
Aspire le fond du temps
Sur le mur de mon ennui
Où se dessine les destin
De ma déesse aux cheveux d'or.

La pluie continue de tomber
Inlassable pleureuse
Sur le linceul des montagnes
Qui s'enivrent de beauté .

Et la pureté qui m'anime
Est là simple et nue
Elle expire à mes pieds.

Je suis mort ce matin
Dernière bouffée d'aurore
Mon âme rejoint les nues.

Perle de gris trou noir
Dans la ville de l'ennui
Mes immeubles sont pleins.
Quatre jouent au baby-foot
Haricots verts pétillants.
Mon verre est vide sur la table.
ci-gît.

Au son d'une pendule cristalline
Apparaît sur l'œil des saisons
Une tache de blancheur câline
Qui me transporte en pâmoison.

L'éden martien globule rouge
Scrute le noir en frémissant
C'est une valse de mille vents
Quand soudain plus rien ne bouge.

Plainte modulée du fauve en rut.
Une araigne des bois sans but
Court à la poursuite de son ombre.

Pauvre Mélusine ; destin futur
Phoenix qui hurle sa brûlure
Et rapproche de ses serres la tombe.

C'est l'orgasme des planètes
En un rictus de démence opiacée
Astres comètes rouges
Tournoient vers le soleil
Irrésistible appel…
Et là, en bas, une bille bleuâtre
Tourne lentement :
La Terre
Où s'agitent en cadence
Des monticules d'atomes en transe.

C'est une cheminée
Qui fait l'amour au ciel
Et perce les nuées
Pour aimer l'arc-en-ciel

La ville est là dessous
Elle assiste au mariage
Ses immeubles sans âge
Aspirent aussi au tout.

Dieu dans sa grande jouissance
A créé le monde
Il aurait pu prévenir
Je ne serais pas là.

Mais dieu est mort
Il ne sait pas où
Sont passés les hommes.
Moi je sais :
Les hommes meurent aussi.

MEMORA

1976-1977

Un iris bleu s'élance
Sur les flots
Et meurt dans le soleil
De n'avoir pu l'aimer

Un iris mauve
Bleu qui vieillit
Sagesse après la nuit
Un iris mauve
Qui sait ?
Qui sait
Que le soleil est de glace
Qui sait ?
Qui sait la fin
Et la couleur
Des choses.

Alors
Bleu et bel iris
Meurt
Lentement
Meurt.

Des pétales
Sur l'onde
Font une ronde.
Cristal.

Chemins de fer
Bardés de rails
Longueurs de l'épouvante
Sur vos sinistres os
Tombe en grinçant
La nuit.

Comme des ponts
Jetés dans l'espace
Au sommet du délire
Les mots
Traversent le granit
Des cœurs
Pour toucher le mortel
Et
S écrasent en éclaboussures
De sang
Et de beauté
Sur la page éclairée
Du grand livre

Poussière lunaire
De la rosée
Des siècles.

Le vent
S'émiette en vagues indécises
Et déchirements d'obus

Le vent
Couleur de poudre
Saigne sur les planches trouées
Des barricades

Le vent
S'éparpille en brindilles
De vapeur sulfureuse

Le vent
Se couche doucement
Sur la plaine déserte

Un soleil d'ivoire froid
Caresse les blés qui
Ondulent sous la brise

La seule étoile
Au ciel absurde
Contemple le désastre
Et pense…

Entre les pierres disjointes
Et vieilles et grises
Du monastère silence,
J'ai rencontré en blanc
Celui qu'on nomme dieu,
Mais quelle fut ma surprise
De voir dieu une femme,
D'auréole une chevelure
De feu et douces amandes.

Entre les pierres grises
Glissent des lèvres au
Suc amer et tendre
Épanouies depuis longtemps
En légères caresses
Et souffles de chaleur,
Irradiées par la brume
Embaumée et solaire
D'un céleste encensoir.

Mandragore fleur des pauvres
Illusoire femme déesse
Des temps anciens
Ton rêve ne suffit plus
A satisfaire l'éclat
De ton sourire mauve
Éteint
Peu à peu sous l'explosion de
Couleurs
D'un arc en ciel imaginaire.

Il se peut qu'un jour
Une femme arrive
Et dise en pointant
Un index sévère sur
Mon être démuni :
« Je te veux ! »
Ce à quoi je répondrai
Si la pluie est bonne :
« çà me flotte ! »

Mourir par un après-midi
Brumeux ou pas

Mourir délicatement entre
Ciel et terre

Comme un chien
Aveugle
Ou un ver LES ETOILES
Ou même un homme

Mourir sur un gazon
Doré
Et vert

Mourir enfin
Sur les siècles passés
Et futur à venir

Mourir à en crever
Mourir sur la mer
Des pensées bruineuses

Mourir ? pour quoi faire ?
....
Alors vivre !

Le grand phallus chrétien
Gris
Au dessus de la ville
A dans son chœur
Le lénifère croisé
Avec ses clous
Rouillés par les larmes
De ces fous
-Ils adorent-
La chair de leur chair
-Réveille-toi-
Toit sur le péristyle
Poétique roman
C'est de l'art…

Au fond de toi
Comme un homme
Issu d'une erreur astrale
Je vogue sur ta galaxie sans nom
Perdue dans la marée du ciel
De tes yeux feux brûlants.

Idéal alcool mort
Du velours tapissé
Des chambres arithmétiques
Sur un champ ondulant
De rumeurs confuses
Comme un grand nuage
Pleure sur le plancher
De neurones en folie
Qui se choquent en
Globules
Sur le mystère
Sans fond
De la forêt crânienne
Qu'une onde narcotique
Embrume de savants délices.

La rouille des égouts
Agrémente quand même
La grisaille de l'ennui…

Une perle de pluie
Sur un parasol
Le soleil qui luit
Sur un cristal
Tout rond
Semblent l'éden
Au feu multicolore
Qui jaillit dans l'espace
Et retombe
Quand la rosée se lasse.
J'ai bu
Toute la mer
Et le ciel
Pourtant je ne resplendis
Pas encore.

L'obscur ouverture sur le mur.
Un homme avec sa bosse
Sur la tête
S'y est cogné.
Il avait oublié
Qu'il était un poète
Avec sa bosse
Sur son beau dos d'os.

Un soleil extérieur
Tombe en longues spirales
Qui s'effilochent, aériennes,
En bavures d'argent,
Éclatent sur l'ombre
Des quartiers bétonneux,
Illuminant ainsi
Les parures de jade
D'un horizon vieilli.

Une vague à l'agonie
Multiplie ses sursauts
Se cabre fouette l'air
Et dans un dernier flot
D'ardente lumière
Propulse son écume
Vers le ciel Éden
Retombe le désir
Dans le creux vert
De l'océan sans fond.

Las du désenchantement
Des matins tronqués
L'ardeur complice
De la brume et du silence
Emplit
Mes viscères
Et s'élongue sur
L'or de ta rivière
Sans gué.

Le plafond qui vole
N'a pas de couleurs
Il est une clef de sol
Qui possède leurs odeurs.

Dans le lointain levant
Un tourbillon de bise
Arrache les dernières feuilles
Salamandres aériennes et dorées.

Atome, parcelle de vie,
Atome, source de mort,
Fuse au ciel innocent et
Blême
En holocauste à la fureur
Étrange idiotie
Du peuple des hommes.

Quand j'étais prisonnier
J'ai voulu m'évader
Alors j'ai écrit
J'ai baisé les étoiles
Embrassé les nuages
Et puis un jour on m'a dit
Qu'il fallait travailler
Alors j'ai écrit
J'ai trouvé les mots
Et leur magie
On m'a dit qu'ici bas
Les poètes n'ont pas cours
Alors sur le gazon
J'ai décidé
De m'allonger
Et de vivre
Pour goûter l'essence
L'essence de la vie
Qu'on dit jolie
Et puis plus tard
Sur le gazon
Tristement
Banalement
Je suis mort
Dans la rosée
D'un matin jaune.

Les villes
Amas de chair
D'incertitudes
De gorges rouges
Sous le béton

Les villes
Qui bougent
Sous le soleil
Comme un orteil
Sur l'océan

Des tentacules de
Solitude
Se jettent sur
La face bondée
Des gouffres métropolitains

Les villes
Comme un grand Dieu
Se dressent à l'horizon
Des lendemains

Les villes
Cyclones épars
Du progrès
Chantent la mort
D'humanité

Dans une cage de métal
Sous les lagon de son Passé
Dame NATURE
S'en vient pleurer.

Ma route
Sous le be bop
De frisco
Charrie ses kilomètres
D'amertume
Avec derrière
La baie des Anges
Où s'allongent de
Vastes dunes
Comme un fleuve
De mercure
Épais et granuleux
Le bitume défile
Sous mes pas
Amoureux
Et l'ombre invisible
D'un soleil vert
Marche aux côtés
De mon ombre
La route
Infini ruban gris
S'écoule sous moi
A longueur d'ennui.

Un chat rêve
Sur son tapis de moire
Aux lunaisons
De la saint Jean
Aux débauches
De souris
Et d'ortolans

Un chat dans son
Tiroir
Pense à la chatte
Bien aimée
Oreilles de velours
Et poils de satin

Un chat rêveur
Pense aux petits
Lutins
Que sont les hommes
Dans leur grandeur

Un chat narchiste
Rêve avec délectation
A la cervelle
De sa mémère

Un chat tout court
Fait miaou
A la fenêtre…

Ton départ m'a laissé coi
Comme un renard du désert
Qu'on aurait empaillé

A mille lieues
Du souvenir
Tu m'as laissé
Pleurer sur le sable doux
De mes espérances

J'avais portant
Si bien su te tresser
Une échelle de nuages
Pour atteindre les étoiles

Mais la grande ironie
Celle du sort
A voulu qu'une araignée
Tisse une toile
Entre ton ciel
Et mon désir

Alors dans les sables
De la solitude
Je suis parti
En chancelant
J'ai rencontré une
Pierre blanche
Poussiéreuse lunaire
Qui m'a dit que sur la terre
Seules les pierres ont la grande âme
Celle de n'en avoir pas.

Chaque larme qui dégueule
De par un œil de verre
Son monde de silence
Et de sel

Buvons
Les larmes qui coulent
Sur les seins des corbeaux
Femelles de préférence

Mais qui coulent
Inlassablement vers
Une sphère
D'or pailleté

Qui
Brûle toujours
Au fond des entrailles
Viscères
Et sur sa peau
Douce et blanche
Comme l'acide

Vision d'amour terrible
Dans les
Laboratoires de l'inconscient…

LES CHIMERES
INTERIEURES
1978

Zéro heure fatale
Pointée sur le dur cadran
Régulier métronome
D'une clepsydre aérienne
Et fugace trompe la mort
Sur un tic tac
Pourfendant les espaces
Suspendus aux rouages
Vieillissants des parures de bronze
Horloge !
Reine éphémère d'un monde
Sans secondes
Hallucinant spectacle circulaire
Où chaque perle de sang
Chaque goutte de vie
S'évapore au son d'un coucou
Enroué
Mais fatal.

C'est un lavis d'artiste
Sur les monnaies grimées
Un tourbillon d'azur
Dans les rues désertes

Au coin des yeux fardés
Les putains de la rue
S'accrochent à leur néant
Comme un soleil tricheur
Et absurde au ciel vide

Un poète a crié ce matin
Sur les pavés sanglants
Il est mort comme un chien
Tué par la lumière

A cet endroit précis
Entre deux pavés creux
Un cactus a poussé
Deux fleurs rouges
En guise de beauté.

Je plonge à l'intérieur de moi.
-Nébuleuses pigmentées cosmiques,
Stridences des sons arrachés au
Tapis de l'univers bleu rageur
Et globules ensoleillés-
J'attendrai dix ans, j'attendrai
Mille ans que le soleil s'étouffe
En arabesques convulsives.

Cécile, miroir où le ciel se mire,
J'écris ton nom sur des soleils épars
Qui gravitent, silencieux autour de
Ma planète : TOI…

Le saut imprégné de la splendeur du siècle
A poursuivi dans l'espace sa course folle
A la recherche d'on ne sait qui d'on ne sait quoi
Et la fumure des ailes d'argent d'un mirage
solaire
Embaume les sphères planifiées du grand rouage
Des cieux.
Une once de douceur imprègne les couloirs du
monde
Sur des chariots loufoques et transparents
C'est la couleur du soir carmin or et sang
Qui tapisse la lie des jours sans fin.
Une bête traquée trace son chemin dans les hautes
Herbes de la prairie mystique sous le regard
inquiet
Des satyres de la forêt.
Une vierge s'étanche au ruisseau galvaudé
Et son pacte païen a figé dans l'azur embrasé
La colombe au doux bec avancé
Mais l'ironie du sort a voulu pauvre enfant
Que la cité du soir ne soit qu'un rêve vain
Et les pleurs étendus des algues sur la plage
Ont lentement sombré dans la glauque marine.
Vous les honnêtes et braves gens écoutez
Écoutez bien ceci la chanson du poète
Qu'une fille de joie sans gloire et sans morale
Vaut bien le pigeon gras au pied de sa vestale
Qu'un malandrin véreux sur les routes du monde
A chaque aurore sourit et meurt chaque soir
Mais que vous les heureux les bienfaisants
Les rois

Vous n'êtes que pourceaux et pets de la nature
Jadis issue de son ancien château
Mélusine au grand cœur
Pauvre fée donnée au feu en esclavage
Valait mieux que dix princes
Mais vous l'avez violée et tuée et brûlée
Pour assouvir sans peur votre ignoble morale
C'est pour dieu et par dieu dites-vous
Qu'elle mourut la salope
Un dieu sans majuscule un dieu à la vérole
Quel fracas que sa mort en haut de la colline
Tous ses frères étaient là les frères de Mélusine
D'abord Pierrot le fou qui gobe les insectes
Et puis Salomon notre illustre
Qui sourit aux étoiles
Le grand Germanicus fils de Satan et père
Des manants
Il y avait aussi il avait l'œil terrible
L'invincible Schilder à l'arme trop sanglante
Et j'étais là moi à regarder des Dieux des vrais
Un silence bleuté enveloppait la nuit
Quand de l'aube a jailli
Un éclair vert fulgurant
Et l'aurore s'est levée
Voile de la fée perdue…
Et voilà gens trop braves
Voilà la triste et belle histoire
Qu'on raconte le soir chez les Gueux.

Une page vide qui s'orne d'un sourire
Un grand train cloporte
Qui s'esquinte le rail
A voyager tout seul
Un rideau tout rose
Qui s'écarte un peu
Un rideau morose
Parce qu'il se sent vieux
Une odeur tristote
Et un peu amère
La pipe qui fume
En colonnes bleues
Sur les tapis moisis
Près d'un vieux fourneau
Et l'Univers repart
Sans penser aux hommes
Et l'Univers s'en va
Et moi je reste là…

Un musicien m'a dit
« il faut aimer
Car tout homme qui aime
Est un homme un vrai »
Une araignée m 'a dit
Que là haut dans sa toile
Il y avait des choses
Des mondes inconnus
Que l'on ne peut connaître
Car mondes d'araignées
Cela va de soi(e)
Et un jour qu'il toussotait
L'Alizé m'a soufflé
Que dans les temps anciens
La mer était immense
Que les enfants riaient
Sans ces jouets futiles
Que les gens riaient
Sans leurs désirs futiles
J'ai cru l'entendre aussi
Pleurer doucement sur les arbres.
Mais l'Alizé est mort en hiver.
Et les fleurs sans corolles et pétales
Ont penché leur beauté vers le sol
Et le soir…

Une clarté diffuse perce le voile cotonneux d'un ciel triste. Quelques anges endormis fredonnent un air, un vieil air du sud, rappelle-toi, tes grands yeux d'or sur le satin tissé des murs du monde et l'orage qui battait la toiture, la flèche d'argent orange qui déchirait la nuit ancestrale et glauque. Charnellement tien, j'ai déposé à tes genoux le coffret d'or de mon amour. Les diamants fraternels issus du ventre de la terre vomissaient leur éclat étrange et vert, des rubis sentant la palme scintillaient sur le fond roux de ta chevelure, auréole flamboyante.

Alors à pleins cœurs, à pleins cris, dans les nuages idiots, nous avons plongé vers le néant…

(à Cécile)

Je te peindrai des étoiles
Par milliers
Toutes d'or et de feu
Elles flottent sur l'océan
Perles d'espoir
Ou tombent sur la glaise
Et moi encore
J'arracherai de mes mains nues
Ces barbelés d'acier
Qui déchirent les aurores
Et j'en tresserai
Des couronnes de fleurs
Ensoleillées
Et mon drapeau
Ma baïonnette
Seront à tout jamais
L'Amour.

Pauvre gazon mystique
Étriqué par la pluie
Qui pleure
Sur l'herbe bleue
Et tombe
En légères courbes gracieuses
Dans un silence absurde et
Blanc
Qui retentit sur le vide
Et les ivrognes heureux
De chanter le bon vin
L'oubli donné par une table
Gravée de « je t'aime »
Car j'ai soif vois-tu
C'est comme la tendresse
L'ivresse
Plus on a bu
Plus le cœur saigne.

Les secondes s'évaporent
Sous l'empire de tes yeux
Un triste cafard noir
Qui gigote sous ma fesse
Supplie un temps encore
De le laisser frémir
Au son de sa voix douce
Une bouffée de chaleur
Inonde le voile
Sans fin du temps
Et les gosses qui s'aiment
Ou font semblant
Se foutent bien du reste
Et après tout
Ont bien raison…

Une fleur sur deux arbres
A laissé échapper un cri
Bien atrophié par la splendeur du soir
La sirène avertie s'est glissée mollement
Au sein des eaux limpides
Et glacées du torrent.

Cristal de lune qui pense
Et a peur de son ombre
A bien fait de sourire au soleil qui se cache
Pierre de totem au grand rocher
Qui surplombe la mer a craché dans les mains
Des coraux
Qui crissent sous les algues pigmentées
Au pétrole de safran
Une brume légère odorante et droguée
S'allonge sur le planisphère au regret
De nos dieux.

Atomes crochus ou pas
Du vide cartésien
De mon espoir déçu
Sur ta rosée de fleur
Tu sembles constater
Que je suis anonyme
Parmi tous ces gens là
Quel est donc le meilleur
Et pourquoi donc pas moi
Qui ne suis qu'un des leurs
Tu irradies, soleil,
Et les plantes
Et les hommes
Et je me sens tout sec
A voir pourrir la mer…

Chair de ma chair, écrase l'or diaphane
De ta tunique rouge
Ou goûte aux plaisirs
Sans fin et opiacés des ténèbres obscurs
La marche gigantesque des hommes
dans l'univers
Ne les a pas empêchés de se marcher
Sur les pieds.

Ils tendaient magnifiques
Tous
Leurs poings vers le ciel blanc
Et leurs cris répétés se noyaient
Dans le vent
Un soupçon de soleil les regardait
Venir et la meute enragée
S'assoupit sans ternir
La révolution était peinte sur les murs
Des prisons
Et l'aurore sans fin de l'espérance
Fit frémir les nuages
Une mare de sang inondait
Les rivières comme un grand troupeau blanc
La voie lactée des yeux
La raison du manège a changé de côté
Emportant les enfants loin de tout sortilège
Une gravure antique brodée de satin rose
A pour l'éternité fixé son beau visage
Au fond de ma prunelle
Et loin des songes vains loin des puissants
Mirages
J'ai déchu la grandeur de ce siècle passé.

Il était une fois et des roses
Et du lys bleuté sous cape blanche
Ombré par l'ombre de tes hanches
Sur le voile des amours closes
Comme une symphonie d'amour
Qui glisse sans fin sur le ruban
Du passé glauque des papillons
Ta voie d'Eldorado a conquis
Tout mon être d'homme éteint
En embrasant la rougeur
Obscène de ton visage délavé
Par la souffrance des jours sans soleil
Ni pluie
Des gris et mornes jours
Platitude d'une existence sans heurts
Ni pleurs
Et l'agonie des oiseaux d'or
Perlés par les nuages
M'a flanqué
Une haine diffuse de tout ce qui se
Nomme
CIEL…

Il glisse sur l'air
De longues volutes d'eau
Descendues d'un ciel
Ardemment blanc
Des silences d'ambre
Accompagnant la chute
En éclairs fulgurants
Et suprêmes de béatitude
Céleste.
Au fond de ce café
Traversé par milliers
De nomades en quête
D'amour
Et de vin
Sur les tables grises
Froides de marbre et de douleur
Ivres du sang
De ceux qui s'aiment
Un vide absent plane
Et s'estompe,
Fugace désir, dans l'océan du vent…

Mon désir épinglé
En dentelles
Sur la robe des derniers jours
Se fêle
En sarcasmes d'amour
Et ironie du sort
C'est l'aurore chargée
De tes yeux
Qui figure,
Souple,
Ta démarche féline
Et ton doux regard
Et ta main
Blanche la tienne
Et longue
S'évaporent
Dans les cassures du passé.

HOUSSET by night…

Dans les concerts du soir
Sous tonnelles
Ombragées par l'espoir,
Un air mélancolique et doux
Vient caresser la nuit
Un air vieux de mille ans
Qui ondule sous les porches
Et fredonne un été
Dans les concerts du soir
Dis t'en souviens-tu
C'était dans ton village
Un air mélancolique
Et doux
Qui m'a fait naître
Et renaître
Fou…
De TOI.

C'est un poète absurde
Au coin d'une fenêtre
Qui m'a crié un jour
Que j'aurais pas dû naître
Un poète immortel
Dieu pas pour les curés
Puisqu'un jour de décembre
Sous une croix de pierre froide
Sans qu'il en ait voulu
On l'a allongé roide
Ce vieux fou c'était moi
Mais voici deux cents ans
Et je suis encore là
Oh bien pour dix mille ans
Une vie antérieure ?
Oh moi je n'y crois pas
J'aime assez la présente
Pour ne pas mourir froid
Et mes enfants diront
Dieu qu'il était bon
Et d'un coin de nuage
Moi je leur répondrai
Dieu que vous êtes cons…

La boule de cristal
Tourne tourne
Dans l'espace
Et la voyante
Est là
Qui contemple
Ses spasmes…

CRIS D'HORIZONS
1979

Jour extrême.
La mort marche sur des dentelles
A pas de loups.
Inquiétante progression
Rythmée par le souffle
Chaud encore
Du moribond désespéré.
Jour étoilé
Car il est nuit
Maintenant
La nuit des néons blancs et tristes.

Icare sans ailes au sillon
D'un ventre fauve
Egard du ciel
A la tombée de tes paupières.

Lueurs d'astres.

Tous les sapins lunaires
Sur des borées graphiques
Ont des airs de loup noir
Au crépuscule des songes

Tous les matins fiévreux
Accueillent au seuil des jours
Un papier sans mensonge
Une feuille jaunie
Avec des mots d'amour
Ou des cris de silence

Et ton sourire de belle
Palpite à l'unisson
Des gammes harmoniques
Et du brasier solaire.

Dans les cafés, les hommes ont bu car la lune
Était morte.
Et puis les chiens
Dans des fossés
Ou bien à l'ombre
Ont décidé qu'il était temps
Et ils sont devenus
Des pierres.
Un grand soleil sans mémoire
A tout à coup cessé de vivre.
Et puis la pluie.

Main. Gantée de sourires
Sur les arabesques folles
Des délires nocturnes.
Et le vase du passé
Ébréché et grandiose.
Et la nuit qui l'emplit.
Seul un éclair de jour
Filtre
A la cassure.

Décrépitude d'un monde solaire.
Je n'ai plus personne à attendre
D'autre qu'un souvenir bleu.
Tendre.
Je n'ai sur la marée vitale
Qu'une once de ce doux mot
A épeler en silence le soir.
Espoir.
Il reste au creux des nuits cachées
Un soupir d'odeur
Et la sentence muette d'une vie
Qui passe en sourdine du monde.
Tombe.
Avec dessus vivace
Une herbe rousse
Sauvage.

Que de l'ombre surgisse
Un seul reflet
De ton ombre
Et le ventre lourd de la terre
S'ouvrira au séisme…

Sur un cil une ville
Que colore
Un clair d'or de lune.

Fleur de tristesse
Sur un arbre debout.
Une araignée tombe.

Les sanglots silencieux
D'un nuage perdu
Troublent la couleur du ciel.

Un papillon s'est envolé de mes rêves vers le jour
En colorant l'air de profonds sillons rouges.

Tu fais frémir le vent, d'un battement de cils.

Avec ce sourire qui demandait aux nues
D'accepter
Ton silence,
Tu semblais issue du jet d'eau de
Cristal qui gît dans la montagne.

J'ai plongé mon regard dans ta chair de femme
Nue
Et c'est ton or qui m'aveugla.

De tous mes mondes, il n'en est qu'un
Qu'éclaire encore la grand' rue : Toi.

J'ai bu le silence de la mer et déposé
Le tout – avec un rire – dans un grand sac
A idées bleues.

Un clair de lune
Posé délicatement
Sur la colline rose
Miroir des vies
Qui passent
Et puis
S'estompent.

Musique des rires d'enfants
Dessinée sur la ride profonde
De son front
Et gravée sur la gamme
Des mémoires diffuses.

La misère qui traîne ses guêtres au détour de chaque rue me serre soudain le bout des doigts. Le soir s'allonge voluptueusement sur des kilomètres de nuages; ils ballonnent le ciel de leurs courbures ailées, pigmentées des restes du soleil. La misère n'a cure de la beauté. Elle est beauté, charme tragique du désespoir. Les yeux tristement illuminés d'un chien errant semblent écouter la nuit qui tombe. Éclat rouge, dernier : le jour est mort. La misère sourit, me serre la main très tendrement et m'emmène vers des aurores neuves, riches, éphémères.

Alors un soleil bleu bondit de l'ombre
Des étoiles
Et fondit sur l'espoir
Pour l'arracher aux Hommes…

Les villes la nuit
Sous le voile de leurs lumières obscènes
Sont comme de grands lacs qui reflètent
A la Lune
La misère des Hommes.
Les eaux glauques des mensonges adultères.
L'or d'un Amour perdu dans la marée bleuâtre
Des heures de pointe, et la sirène,
Mollement allongée sur son cri lancé
Dans l'espace
Parmi les douleurs des grandes cheminées
Tristes d'usine.

Peu d'hommes savent en effet marcher sur les eaux. Mais tous nous pouvons marcher sous le ciel sous la pluie et la chaleur des rayons durs dorés dardés par le soleil- et regarder- passer sous la voûte étoilée du soir en comptant les étoiles chercher dans leur éternel et chaque nuit semblable éclat, un soupir de tristesse, une explosion de joie, ou des larmes qui perlent- et regarder- sentir le flot des essences multiples couler en trombes dans chacun des vaisseaux du corps, jouer avec le silence, rire avec un brin de vent qui passe – et regarder-

Éclater
Fuser
Ciel intense.

Des cormorans jaloux de la beauté du givre
Hivernal
Se sont déguisés
En buée
Pour jouer avec la fin du jour.

Fleur.
Eau bleutée
Par l'ombre des pétales.
Soleil.
Fouetté par l'ombre d'un nuage.
Terre.
Criblée par l'ombre
De la haine.

Un jour où ayant bu
Plus de vin que d'habitude
Je dirai à mon ombre :
« Qui es-tu ? »
Elle me répondra : « une ombre »…

Un vagabond.
Deux routes et une étoile.
Le choix est dur, il s'impose :
Quelle route mène à l'étoile ?
Pour les deux routes, doute...
Mais pour l'étoile, pourquoi l'atteindre ?
Le vagabond devenu pierre
Regarde encore à tout jamais
L'étoile verte illuminée.
Voici longtemps, mille ans sans souvenirs
Qu'un vagabond lourd de son doute
Trouva la voie entre deux routes :
L'extase...
Loin de l'étoile et loin des choses
Près de son but, enfin en lui.

Nuit riche nuit sublime
Les pavés sont souillés de ta douleur
Phares automobiles luisants
Oranges éclatantes dans le sombre
Vous éclairez la rue
La rue m'éclaire tige de fer
Des réverbères soucieux
Nuit d'apocalypse rouge
Éclate des soleils amoureux
Qui rejailliront sur le monde
Et son visage blême. Il
Traverse le temps suspendu
A mes lèvres à mon soupir
Visage de comédie sincère
Vie amère et douce
Son visage comme la rue
M'éclaire
Lumière au bout du songe
Brillance de la beauté
Au tréfonds de mon être :
ELLE.

Quand ton verre se vide
En longs traits de silence
Rythmés par la nuit
Sous le chant des étoiles
Et que le vin s'écoule,
Sang de la tristesse,
Une vague déferle
Poudre de feu en cercles bleus
Sur l'orbite creusée
Au fond de ta conscience
Par l'amour malheureux
Et l'absence.

Ton sourire m'a figé
Dans la glace brûlante
De la contemplation
Du vide
Car un soupçon
D'une liberté amère
T'avait parée
De toute la lumière
Des cieux.

De ma fenêtre, j'ai vu des mondes
Éclatants, mordorés par les couleurs
D'un azur impalpable, j'ai vu des
Nudités célestes gracieusement
Courbées dans un ballet d'étoiles,
J'ai vu les meurtres – sang cris
Tristesse- les crimes d'autrefois
Et d'aujourd'hui. De ma fenêtre,
Je me suis vu passer, sautant de
Nuage en nuage. Sous ma fenêtre
Des siècles sont passés, des villes
Sont passées, des hommes. Et
Toujours je suis resté. Un jour de
Ma fenêtre, je t'ai vue passer, TOI,
Puis revenir, puis t'arrêter.
Je suis sorti.

Reine aux pouvoirs
D'ombres ambrées
Symphonie de tes yeux
Sur la courbe du désir
Oracle du retour éternel
A la source du vrai.
Un monde.
Derrière toute apparence
Une ombre
Devant ma vie ton Existence.

Des centaines d'océans
Garnis de vaisseaux blancs et vastes
Dérivent dans l'espace,
Des mondes de travers
-En quinconce, en triangle,
En formes jamais vues-
Glissent derrière l'apparence
L'apparence mensonge qui cache
La vérité salie par des yeux trop fermés,
L'apparence au travail
Qui arrache aux douleurs
Une once de bien-être.
Mais…
Fulgurance du vrai
Au delà des matières,
Derrière le rideau,
Au travers du décor,
Réalité impalpable et solide
Que seul, au bord du gouffre,
Tu peux voir.

L'espérance se fêle
Jour après jour
Comme un château de cartes
Blanches
Élevées en cristal d'azur
Sur une tête d'épingle
Et les crânes grotesques
De mes hoquets morbides
Aboient
Sinistres
Vers la nuit.

Issue du ressac
Des marées lunaires d'orange
La glaise fendue
Des terres malignes
Arrache à la beauté suprême
Et sidérale
Le hurlement d'airain
D'un céleste extincteur.

Comme une bête nocturne
Égarée
En des confins de brume
Et de silence
-Il erre l'homme-
Sur la terre.
Brouillard de lune.
Sylphes orangés-ils-
Claironnent
Sur des toits imbibés
Nappés
Sanglés
Et dégueulant
D'éternité.

Que soient :
Des brisures d'orages
Qui lancent en lances lourdes
Des jets puissants d'azur

Des ombres folles au seuil des soirs
Qui dessinent sur le monde
Leur empreinte géante

Et des vagues câlines
Au bout du vide blanc
Recouvrent ces passages
Comme un linceul
Le mort.

L'horizon crie
L'horizon hurle
Où est l'horizon
Là son regard
Toute la ligne infinie
De l'horizon du monde.

Une fleur c'est tellement infinie
Que même une araignée
Y perdrait son chemin
C'est comme les mots
Ils ne sont pas à mettre
Entre toutes les mains
Des mains rouges écarlates d'aurore
Ainsi le front percé
D'un diable vert mourant
Qui voit dans son regard
La roue qui tourbillonne
La vie qui s'effiloche
La terre venir à lui.
Les mots sont dangereux.

Il est
Des filets d'ombres
Sur des tripots obscènes
Qui tissent des trames aériennes
Elles s'accrochent aux devantures
Des gares
Des bouges
Et des hommes les regardent.
Ils contemplent
Le lourd sanglot rouge des vapeurs nuageuses
S'alanguissant à l'extrême
Le long des quais
Ils aiment
Ils veulent ils voudraient bien pouvoir toucher
Ces étoiles qui naissent
Peu à peu une à une dans leur conscience
Si lointaine
Si confuse
Ils redoutent la pâleur des matins sur la ville
Ils sont des prisonniers éclatés au soleil
Ils préfèrent la stricte confidence
Des cachots.

Nature froide
Incarnée des vivants
Une corolle de verre
Épie le voile épais
Des cieux
Une étoile signe à l'autre
Là-bas claire et brillante
De se taire
Dans la nuit
Pour écouter
Le sourd murmure
Du vent.

Pour un œil tombé d'un gratte-ciel
Un Icare taché de sang au jour grand ouvert
A la flore prochaine des étoiles
Et des grumeaux stellaires
Pour un œil convulsif égaré
Au pied des restes de béton
Que l'orage ô nuages arrive…et déferle
Sur la ville
Et chaos.
Des tempêtes chrismatiques aux aurores
Voulues
Désirées
Et nouvelles
Incertaines
Aux temples nappés d'asphalte brûlant
Noir.
Nixes et bleuets.
Soudain.
Il vient il vient la statue se dresse flamme
Grand soir incolore sans début
Ni fin il vient
-Il- la main sous l'éclair se fige
La main s'exalte
S'exhale
En des frissons de poussière
Et d'ordures
Le marbre rit
Rites des savants et blancs alchimistes
Le mot

Le mot d'ordre et de sérénité suprême
Le mot.

Le mot triste du Commandeur statue tragique
Un festin où toutes les planètes les astres par
milliers les soleils
toutes
Cosmiques rieuses invitées comme il se doit
Sont venus ont vu ont…pleuré…l'homme.
Sa main puis son corps aux profondeurs
terriennes
Sont retournés
Et les étoiles
Vers leur espace leur ennui
Leur infinie immense solitude.

Le parchemin des ondes oubliées
Brûle au détour des secondes
Les larmes blêmes du temps

Et des blocs de chair
Folies anciennes d'un dieu mort
Tapissent en coins
Des galaxies d'étoiles noires

Mon ombre reflet de l'incroyance
Abîme un soleil carré
Qui brûle

Les anciens
Ceux d'avant la fin
Sont revenus cracher
Sur les eaux de leur jeunesse

Crachats d'argent
Longs halos de lumière
Au sein des nuits terrestres…

La subite
Insolente
Nostalgie
Dans la chaleur
Du vin des soirs de mai
M'aspire
Rêveur
Vers
L'ERRANCE.

Je pars vole vers
Les fugaces
Éphémères envolées
Des mots gris bleus rouges
Des mots taris
Des mots tant attendus
Du mot
SILENCE.

Je pars à tout jamais
A la source des infinis terribles
Je pars à la rencontre
De moi-même…
Je pars.
DELIVRANCE.

Au carrefour de l'incandescence
Aux limites des douleurs connues
A la rencontre du beau et de l'horreur
Se trouve
Ta raison d'être.

De tes tensions parallèles à la vie
Ne reste qu'un vase
Rempli
De ta terre
Ton Graal

D'une dimension à l'autre
Tu te perds
Tu t'écartèles
Tu ne sais qu'être
Alors…sois.

Et la pluie tombe l'onde
Aux vagues aux crêtes blondes
Qui secrètent des mondes
Et la pluie qui fait floc en cadence
On dirait un peu d'amour
On dirait un peu de larmes
C'est un cœur qui palpite
Avec un gramme
De sel
De mer
Et tous les vaisseaux de la mer
Pour lui tenir
Compagnie.

Désir d'incertitude.
Lendemains grimés
De soleil
De pluie
Clair obscur filtrant
Au travers des volets
Des cris de joie.
Il y a des gosses qui jouent
-sais-tu-
sur l'herbe.

Les moins jeunes
S'aiment
Et ne jouent pas
Leurs gazons sont des forêts
De rêve

Les autres adultes
Ont rasé les forêts
Les gazons
Les rêves
Détruit l'amour
Ils s'entre-tuent,
Trichent
Meurent
Et parfois
Pleurent.

Courbe fugace
De la fumée
Désir d'être
Et puis
Tes yeux.

Au sein du flou
Des mausolées
Tu pries
Tu parles
Questionnes
Te tais
Tu ne sais pas
Tu ne sais plus
Tu t'assois
Peu à peu
Larme après larme
Silence après silence
Dans la trappe
Où les souris
Sont blêmes…

ETOILES
et
TRIPÔTS
1980-1981

Une grosse goutte d'eau
Tombe
Sur le front de ce promeneur
Endormi sous un arbre.
Et des millions d'astéroïdes en
Forme de points d'interrogation
Éclatent dans sa tête.
Il pense à…il aurait pu penser à…
Non.
Il se rendort…

« Halte là ! cria-t-il, le verbe blanc est né »
Et les ombres des brumes
Aux bouches des métros
Semblaient de longs fantômes
Se raillant en silence.

Quand la brume sur l'eau
Dépose son souffle de blancheur
Et que de la forêt sans rompre le silence
Une once de musique souffle
La grenouille à l'œil rond
La mante agenouillée
Regardent vers la lune
Elles percent un secret.

Les orgues de la mer
Font appel aux abysses
Symphonie écumante
Se cognant aux récifs
Lourde plainte de vent
D'eau
De sel et d'échos.

Les villes de bronze, univers interdits aux portes
Cloîtrées, attendent.
Demain, ouverte par la mort
Comme un sphincter qui se relâche,
Elles vomiront
La puanteur de leur misère
Et les Hommes
Soupirent
Bras levés vers les étoiles
Qui s'éteignent une à une inexorablement
Pleurent
Et les Hommes
Fous de douleur et d'espoir
(mais peuvent-ils espérer ?)
Grimpent à l'assaut du ciel
De galaxie en galaxie
Cherchent
Désespèrent
Que cherchent-ils ?
Dieu.
Ils crient hurlent appellent dieu…
Et la réponse arrive
Écho de l'infini
Elle descend de l'espace
Et les frappe :
« qui est dieu ? »
Et eux le regard vide
Voient dieu dans leur esprit
Ne voient plus rien
Ne voient plus…
Ils s'allongent dans le doux battement uni
De leurs cœurs qui s'éteignent…
Les Insectes ont découvert le feu.

Les longitudes astrales
Lignes lactées d'étoiles
Partent d'ailleurs à l'infini
Là où nul regard humain
Parallèle à l'univers du songe
Toile sans trame
Ne parviendra jamais.

Aux abords de l'espace
Le temps vit-il encore ?
- Cri utérin d'un presque humain
Qui n'aspire qu'à la vie
Qui ne commence à mourir que lentement -
Une onde éphémère frissonnante
Cherche…
Une onde qu'on n'a jamais nommée.

La lune est pleine de son sourire.

Sous le pont viaduc des rêves
Au détour de la folie des algues
Vertes et gluantes plantes

Sous les auras solaires
Des figures cosmiques de la détresse
Enchevêtrées de flammes noires

Et la pyramide
Glabre sanctuaire
Au Styx délavé sans rives

A la mémoire qui oublie tout
Jusqu'à mon existence

Et ta musique fissure du monde
Qui crève dans les stalles du futur
CE POEME.

Au travers des soleils soumis
A l'incapable absence
Je te vois
Toi mon rythme toi ma chaleur
Il est des murs sans nom
Où se peignent des vies
Il est d'horribles murs
D'usines et de prisons
Il suffirait d'écrire
Dessus
Pour que des pierres jaillissent
Des symphonies d'amour et de révolution
Je te vois toi ma femme
Avec tes yeux bleus ou verts sur l'avenir
Je te sens ton parfum ton essence
C'est ta main et la mienne
Comme un souffle qui passe
C'est un sourire fugace
Au lendemain des nuits
C'est un monde nouveau
Que nous créons sans cesse
Un monde où la folie devient notre sagesse
Un monde à partager que nous partagerons
Quand tous les murs
D'usines ou de prisons
Au grand dépôt d'ordures
A jamais pourriront.

Le crevasse est ouverte
Béante
Et bientôt
Des profondeurs humaines
Montera
Le silence
Au détour de ce temps
A la charnière du siècle
La lumière s'affaiblit
Et la raison s'en va
Des Hommes pourtant ont tissé un grand pont
Un grand pont d'invisible
Ils emportent avec eux leur richesse et l'espoir
Ils sont nus…

Du mausolée des sphinx morts
Aux confins du sublime
S'échappe un chant funèbre d'or
Qui parvient aux étoiles

Le grand prêtre des astres
A soulevé la dalle où
Depuis cent lumières
Gisait la pensée pure
Alvéolée d'éther

Et la pensée se glisse
Insinueuse puissance
Au sein des marbres durs
Et des granits brutaux

Et la pensée s'évade
Loin des déserts du vide
Pour abreuver la coupe
Des chimères de l'absurde.

Et des laboratoire malsains
Ceux du fond de la conscience
En bas à droite
Surgissent des poèmes
Et des tas d'azur sombre
L'ec rature
De l'homme nouveau
T'entends çà Wilhem ?

Il y a de l'horreur dans la beauté
Et du sublime
Dans les métros
Nous par exemple
Nous des fœtus
Involus
Déformés
Tristes
Mais
Pas
Cons

Dis pourquoi
j'écris çà…

Une mer d'encre
Et des poètes
Le papier feuille
Jauni aux brûlures de la souffrance

Cinq octobre
Le cinq signe non magique
Au mois des gelées brumeuses
Et l'art déjà transi de froid
Sous la fourrure du givre

Tes lèvres néons doux et chauds
Et l'art qui grelotte en syllabes
L'art au sommeil posthume
L'art l'art a froid
L'art est froid
Hibernation lexicale et grotesque
Des mots dans leur coquille de doute
Et Toi Toi qui suprême l'écrit
Tu es le plus vivant des poèmes
Celui qui s'écrit chaque jour
En hommage à la lune…

Mirages abstraits
Fluctuences onctueuses
Des givres

Dans la coulée du monde
S'inscrit le talisman
Sans doute renouvelé des désirs aériens.

Tu oublies la source
Des paroles
Fragmentaire poétique

Et la prière chantée
Des décors naturels
Atténue tes visions.

Tout alla très vite.
Baies noires
Soulage soleil

Le roi Arthur s'en vient
Et son château s'étiole…

Au marais du matin
Les libellules folles
S'en vont chassant les nains.

Sons d'orgue fous
J'ai envie de me regarder vivre
Au soleil de tes ors
Décalage crochu des atomes
Qui balancent
Le monde
Fissure craquelée des nuages
Décalage
La terre s'opacifie des hommes
De l'at home
Les carrés ferment leurs tristes gueules
Volets
A la rue qui s'agonise aux néons
Décalage enfin
Montre qui chronote
Tes instants d'unité
Et le rire du vide
Qui dénote
La grande trouille.

POEME. DECALAGE. POEME.
L'apocalypse poèmique
A
Commencé
Debout les mots.
Sang nouveau brille.

Je rêve à des passés lointains
Couverts de nébuleuses
Et aux heures sans nom
Où l'homme fruit du monde
Naquit aux sphères du sud

Et toi

Au pied de tes buildings
A la face béton
Tu pries un cataclysme
Ponts de fer suspendus
Poutrelles éventrées
Mégapoles déchirées par des aurores
Trop brusques
Profondeur terrienne hallucinée
Démence de l'océan dans son courroux
Grandiose

Et toi

Tu rêves
Que l'homme renaîtra
Accompagné d'amour
Et de simplicité.

Antre cubique
Des roses.
La passion du mot
Étiolée par l'amour
Ce mot plein de culture
Et de détours
Et ces verbes lunaires
Plein des substances
D'un soleil abyssin
S'en vont rampant vers les pâtures mirages.
Un grand bateau flotte…

Sortant d'un caniveau
Une étoile.

Le soleil était une fois
Rimes fabuleuses
D'un été
Aux sourires
D'éclaté vif
Le soleil rame aux nuages
Indécence syllabique
Non permise

Ombres folâtres
Sur la mortitude
J'ose apprendre
L'exil
De ces demeures anciennes
Il ne reste
Qu'un soupçon
Cimenté à la terre
De cet exil
Soupape magique à la face
Du monde
S'exhale une onde frissonnante
J'ose apprendre l'espoir
Luxe dérobé aux toiles de poussière
Du silence
Les murs se taisent aussi
Quand les fusils défilent
J'ose exiger l'Amour
Immédiatement

Heures profanes.
Les stigmates du ciel
Larmes sans goût
S'écoulent au caniveau du songe

Une orée se creuse
Au sein des eaux célestes
Qui laisse s'entrevoir
La carcasse du monde

Les univers disjoints
Dégradent de couleurs
De fabuleux Orions

Tout s'étiole.
Des principes majeurs
Aux hérésies mentales.
Illusions.

Des soleils de bas étage
A l'ombre des saphirs
Tapissent leurs envies
Sous des nuages planètes

Au néon d'écriture
Te répond la syllabe
Inconnue contrariée
Des étendues instables
Borborygmes lunaires
Crachant des pierres velues
Venues des astres
Te frappent à la gueule
Comme un sonnet boiteux
T'enfonçant ta misère
Au plus profond des steppes
Les steppes de tes tripes

Boréalant sans cesse
A minuit tu soleilles
Aux sources de l'abîme
Qui s'illumine pareil
A des langueurs de brume
Et t'enchassant les yeux
A d'orbites solaires
Tu hurles à l'infini
Le présent du néant…

Tout somme toute
N'est que lumière
Voilée.

Je suis témoin du siècle
Et pourrait vous l'écrire
Mais l'envie est ailleurs
Où vibrent les espaces
Veuillez m'en excuser
Je suis témoin qui passe…

INEDITS
1982-2002

L' attirance insoupçonnée
De l'espace aux mains vides
Comble d'infini
Les chercheurs d'inconnus

La cellule pareille
Aux galaxies couleurs
Transmute ses atomes
En des merveilles de vie

Des étoiles ont jailli
Les hommes parmi les villes

Des visions s'amoncellent au dessus de
Mes rides
Sans que le froid cesse
Est-ce ainsi que naît l'aurore
Au sommet
Des minuscules
Oh si petits
Brins d'herbe.
L'eau est si profonde
A l'endroit où se joignent nos mains.

L'orage schrapnell haut clocher clair
Claque
Pétard suranné mouillé
Du souvenir
La fleur au fusil
S'est fanée
Tant mieux
La fleur vampire
Gorgée du sang
Des guerres
Non aucun obus que j'aime

Un ascenseur debout
Sur des spirales d'idées
Ou la raison qui plane
Près des massacres humains
Cela vous donne-t-il le sentiment
- oui, j'ai écrit et parlé de sentiment-
Que le jour où frappé à la gueule
Par le virus
ESPOIR
Vous n'auriez pas mieux fait peut-être
De baisser la tête

Exposé plein sud
Le dos aux métaux rouillés
Des grandes villes
Futur
Oublie l'homme.
Des ruisseaux de mémoire
Charrient le silence.
Le temps s'est fait lumière
Sans ombre sur l'espoir.
L'histoire ne jugera plus
ENFIN.

Cauchemar du mythe de liberté.
Engoncés dans la torpeur
Subite mais désagréable
Que procurent les IDEES
Ils vous je moi
Se glorifient de liberté
Mot tant infini qu'illusoire
Et pourtant je le crie
A la tranquillité douce
Du ciel et de sa nuit

Chaque vers d'un poème à écrire
Chaque note d'une guitare
Et pourquoi pas Chopin
Créent en goutte spirale flaque
Une bulle de liberté
Elle éclate sur le mur des jours
De chaque jour quotidien
Qui affirme dans son innocence nue
Sa peur de liberté

A l'alerte donnée pour se cacher
Au fond de l'oubli des autres
A celui qui mime la bonté
A l'autre trop humain
Qui crache dans la glace
Quand un reflet le blesse
A cet autre qui pleure
Aux espoirs qui galopent
Fiers des crinières de joie
Dans les brumes du nord
A ces brumes si douces
Qu'elles sont glaciales au cœur

A ce soldat qui rit
En lâchant sa grenade
A l'étripé d'en face
Qui crût à l'innocence
A l'infirme plus tard
Qui amère sa douleur
A la vision magique
D'une fleur qui s'entrouvre
A la lumière des yeux
Si souvent tant aimés
A la caresse infime
De tout ce temps qui passe

Je persiste et dis OUI.

On était donc en 1950.

Et l'eau d'un fleuve jaune
Coulait couleur de sang

Sans fin sur la terreur
Un illustre bonhomme
Donnait au monde
Des leçons de tueries
En planifiant la vie
Sous des monceaux de cendres
Ses amis les barbares
Au Sud ou bien à l'Est
Habillés tout pareil
Sous vestes galonnées
Matraquaient à tout va
Les peuples leur liberté
Et dans ces années là
Les idées revêtirent
Les hardes des bourreaux
Tranchant les têtes libres
Qui cherchent les étoiles

L'on me dit aujourd'hui
Que le temps est passé
Que les idées sont mortes
Qu'il ne faut plus penser
Quelle est donc cette rumeur
Qui glisse sur le temps
Elle grossit elle grossit
Une vague profonde cachée
Sous les consciences
Ce bruit là m'est connu

On ne peut l'oublier
Le bruit et la fureur
Tapie là bas si près
Chez nous chez vous
Non ne pas oublier.

Et rester debout.

MUSH
2009

MUSH 1.

Je viens vous dire -écrire -
L'odeur
Des champignons - mushroom en anglais
Dans le texte

C'est toute l'idée d'un dieu des forêts
Un dieu à lamelles ou à spores
Une certaine idée de la respiration
Loin des hommes
Au creux d'un cosmos végétal
La pourriture est bonne
A celui qui sait la comprendre
Elle traverse les années avec l'unique objet
De s'expandre toujours
Son but est la vie -la vie à outrance-
Sans se mêler du bruit que font
Les chars les bombes et la télévision
Ces minces filaments et ces mousses légères
Ces grammes de survie qui narguent les étoiles
(Celles là sont éphémères au regard du grand ciel)
Ces souplesses indécises qui acceptent le vent
Ces légèretés sans fin qui portent les humus
Recèlent en leurs cellules des flots d'éternité
Témoins durables – définitivement-
De tous les temps qui passent

Alors j'écoute
Alors je sens
Nu au dedans et vide sur le dehors
Les mains ouvertes et le cerveau fluide.

MUSH 2.

Celle là n'est pas pour toi
Elle est pour moi

Il parlait de la fleur
Qui n'était qu'à elle même

Il la regarde à peine
La trouve déjà fanée

La jette en soupirant
Sur son manque de chance

Et part le soulier lourd
Arracher d'autres tiges

Ce n'est qu'un homme normal
Me murmurent des brindilles

Il aime la beauté l'apparence et la forme
Aveugle et sourd au souffle.

MUSH 3.

Je suis affamé
J'ai faim de la couleur
Qu'imprime ton ventre
A nos nuits

Alors rouler
Sur l'herbe nus enlacés
Avec ma femme rousse

Sans écraser ces mondes
Ils nous accueillent en se faisant
Si doux

J'ai faim de ta fourrure
Qui couvre de chaleur
Les froids de l'existence.

MUSH 4.

Les oraisons funèbres se multiplient
Comme un mauvais virus
Qui craquelle le monde

Assez
De ces mots définitifs
Et de ces vies qui fuient

Parlons d'amour de souffle et de sourires
Parlons de chiens frétillant la campagne
Et pissent heureux dans l'herbe
Mouillant des champignons
Qui n'ont rien d'atomiques

Alors on trouvera des failles
Dans le mur des tristesses
En grattant les ciments de leur noir
De leur gris
Ils deviendront poussière que l'on recollera
Pour bâtir des joies.

MUSH 5.

J'ai dit à ma conscience
Qui ne m'écoutait pas
Que je ne croyais plus
Aux dieux des temps anciens
Ni à ceux de l'après
Ni à ceux de demain
Mais la bougresse est rude
Et me répond moqueuse
A qui crois-tu parler
Si tu nies ton dedans ?
Ne sens-tu pas ton sang
Qui bouillonne chaud et franc
Ta tripe cérébrale
Ton art du mouvement
Ne sens-tu pas l'amer
De tes yeux qui s'attristent
A ne voir que la pluie
Quand l'eau est si précieuse
A regarder le sol
On oublie les étoiles
Et à trop voir le ciel
On marche dans la merde
Ta ligne s'équilibre
Au milieu de la vie
Frôle les grandes cimes
Et caresse la fleur
Car la lumière qui sourd
Des blessures multiples
N'est cachée que par Toi au fond des
Illusions.

MUSH 6.

Les trottoirs encombrés
Des poubelles de la ville
Ressemblent aux boyaux
D'un constipé chronique

Dans les rues qui blanchissent
Des douleurs du factice
Des piétons innocents
Les mains remplies de vide
S'extraient les yeux des globes
En matant les vitrines

Le grand commerce est là
La charité va suivre.

MUSH 7.

La gravité du monde
Pèse lourd au creux des reins

C'est de là au milieu
Que fuse forte la vie

On la transmet ainsi
Sans se douter repu
Qu'à frôler le divin
L'espace d'un soupir
Une machine humaine
Croît doucement en bleu

Et des chemins commencent
Qui arpentent les futurs

Et des questions solaires
Luisent au fond des têtes

A trop peser les mots
La légèreté s'envole
Des ailes de papillons
Déclenchent des tempêtes
Combien de pleurs de morts
Pour une idée un cri

Vidons la gravité
Soyons brindilles ou plumes.

MUSH 8.

(Sonnet tristes sornettes)

Des vies s'en vont on ne sait où
Là bas plus loin vidées du tout
Qui fait qu'on rit et qu'on murmure
Des choses douces des choses dures

A la musique du grand cycle
L'on doit trouver des clés de sol
Les clés du soi sans les bésicles
Épaisses et vides des paroles

Prépare la déchirure du voile
Et trace fort fier et joyeux
Les yeux rivés vers les étoiles

Ce long chemin semé d'heures bleues
Cette route unique au creux des mains
Qui fait qu'on ne regrette rien.

MUSH 9.

J'arrête ici les jérémiades les pets de nonnes
Le spleen en croûte
Les fausses routes

J'arrête les questions les boniments les larmes
Les crachats d'âme
Et les coliques

J'arrête c'est décidé dès lors je prends les armes
Une lame fine
Un rire gras

J'arrête avec la nuit j'arrête avec le soir
Avec les bosses
Et les crétins

J'arrête (comme les poissons) de chercher l'air
Au fond
Derrière le verre
L'œil glauque et rond

Je réunis les mains autour de mes entrailles
Et je les sens vibrer des senteurs du futur.

MUSH 10.

Cà y est la route est prise
Bonne droit devant
Le macadam est chaud
J'avale des cerises
A midi

Les courbes s'arabesquent
Des plongées du grand soir
Au tournant des fenêtres on aperçoit demain
Les portes sont ouvertes aux chiens et à la lune
A minuit

La trouvaille est en nous
Savoir la reconnaître
Les chiens sont sans laisses
Et sans maîtres

Matin perce monde.

MUSH 11.

En revenir aux champignons
Comme les chinois au dragon

Laisser dire laisser faire
Et tracter en douceur du dehors au-dedans

Du dedans vers la mer
La grande bleue de la vie
Qui spore ses étincelles
Sur les terres de l'amour

Laisser porter l'amour
Par les pores de la peau
Il est si lourd l'amour
Mais bon dieu qu'il est beau

Et l'on rimaille à vie
Et l'on tripaille à vif
Élevant nos vertus
Sur des sommets fragiles

En revenir à l'humus et sa population
D'agaric et de larves d'araignes de papillons

Laisser les champignons éclater les trottoirs
S'asseoir le cul dans l'herbe
Laisser passer l'Histoire.

MUSH 12.

Tracer dans la pénombre
Des cercles un peu magiques

Les contempler sans peur devenir des tempêtes
Les voir se chahuter les plus grands cumulus
Raser des grattes-ciel engloutir des torrents
Tournoyer sur Wall-Street aplanir les montagnes
Jouer fétu de paille sur des armées guerrières
Remonter ondoyants le long des cordillères
En aspirant les fleuves qui baignent les vallées

Rouvrir les mains et paumes vers le ciel

Les voir se couler doux au creux de tes racines
Te remplir de la force qui gît au cœur du souffle
Et poser leurs dentelles et leur vitalité
Au pied des champignons
Que tes orteils caressent.

MUSH 13.

River la vie à ses beautés
Sans boulons sans écrous
Coller les soirs et les journées
Sans tiges ni vis ni clous

Adhérer au présent
Sans l'ombre du futur
Et couler les instants
Comme tu les murmures

Asseoir à mes côtés
Ton luxe et ton sourire
Nous voici allongés
Je t'aime et te respire

Dans les pâtures si vertes
Noyées de fleurs lascives
Je vais te boire offerte
Au creux de tes eaux vives.

MUSH 14.

Dans les villes où les chars
Ont tracé des bourbiers
Le sang des massacrés gèle rouge en hiver

Les longs convois d'acier bardés de mitrailleuses
Moissonnent des futurs qui s'annoncent stériles

Et la glèbe frissonne mais ce n'est pas de froid
Elle sait que dans son ventre mûrissent des étés

Les armées de demain tout comme celles d'hier
N'ont que faire de l'esprit
Et elles tranchent les mains

Mais le ver sous l'écorce qui attend le printemps
Pressent la fin prochaine des métaux de la force

Les multiples mitrailles mutilent les façades
Elles taillent le cœur des pierres
Et éclatent les marbres

Sur ces nacres mourant les mousses ont osé
Elles installent leurs boucles
Et colmatent les brèches

Au loin les grincements s'absorbent
Dans la plaine
Ici et maintenant la ville reverdit.

MUSH 15.

Fabriquer de l'amour
Quelque chose qui ressemble

L'exporter sur la lune
En vendre aux Vénusiens
Le prix de quelques prune$

Découper des icebergs
Pour nous donner à boire
Faire sucer des cailloux
Pour tromper les faims rouges

Assécher les marais les cerveaux et l'amour
Pétrifier nos mémoires
Oublier au passage
Les mots les sens l'histoire
Les lendemains lavés par les soirs de tristesse

Tout ceci se fera
Dans l'ordre du possible
Si ta conscience vive
Au creux de son confort
Endormie maladive
N'attend plus que la mort.

MUSH 16.

Tu regardes la voûte et tu penses à ceux-là
Qui te regardent aussi

Ont-ils un deux ou trois soleils
Ou des mers bleu marine où nagent des sirènes

Taillent-ils des silex ou comprennent-ils l'atome
Sont-ils plein de fureur ou devenus des sages ?

Tu t'endors sous la voûte à l'ombre des étoiles
Et ton corps est tranquille soutenu par la mousse

Tu pars dans un grand rêve peuplé de galaxies
Et tout autour de toi poussent des champignons.

MUSH 17.

Quelle trace laisses-tu
Toi qui passes en sourdine
Dans quel sillon profond vas-tu marquer ta vie

Les aurores sont fragiles et jamais identiques
Mais rallument chaque jour
Les matins et les mondes

A la futilité des questions que tu poses
L'univers n'entend rien et continue sa route

Pose le pied en terre et aspire les humus
Comprime ta pensée et remplis là de vide

Tu sentiras la glaise que tu trouvais si froide
S'animer de chaleur et envahir tes veines.

MUSH 18.

Je célèbre les champignons
Car je célèbre la vie
Et j'écoute d'une oreille distraite
Le chant du monde
Le grand bruit des étoiles
Et les soupirs de l'herbe
Trop concentré tu n'entends rien
Laisse venir
Et défronce tes sourcils
Source de soucis
Tout à l'heure je me suis blessé
Au doigt
C'est de ma faute
Pourquoi taper
Sur un clou qui ne m'a rien fait ?

MUSH 19.

La théière comme la bouteille
Sont rondes
A l'image de la terre

On en fait le tour d'un doigt qui traîne
Chaud sur le ventre de l'une
Froid sur la chair de verre
Et patient sur la mappemonde

Si tu sais lire le thé
Mieux que les prophètes tu auras des visions
Si tu sais boire le vin
Mieux qu'à prier les dieux tu deviendras meilleur
Si tu sais lire les cartes
Mieux qu'à t'user les pieds
Sur les routes tu voyageras

Les rondeurs sont puissantes
Et les courbes infinies

Ne jamais emprunter de lignes droites.

MUSH 20.

Les vieilles charpentes craquent
Quand les termites croquent
Et les veines du bois
Qui saignent la poussière
Songent à leur passé
De ramures et de branches

Elles cherchaient le soleil
Sont devenues des planches
Que dévorent affamées
Des cohortes guerrières
Elles étaient cimes et feuilles
Se changent en sciure

Rien ne dure hors l'esprit.

MUSH 21

Voilà j'en ai fini de la morale
Des grands mots et des lois.

Mes champignons mijotent
En caquelon de fonte
Et les idées brouillonnes des soirs de vinerie
Finissent de glouglouter
Au creux de nos cerveaux.

Après leur digestion viendra le germe
Petit ver blanc pointu
Qui soulève des mondes et trace des futurs
Au bon goût de demain.

Tout arrive en silence
La vie préfère cela
La très forte douceur
Des lendemains rêvés
La souplesse des mousses
Sous le chant de la pluie
Qui abreuve nos soifs
Et tout ces quotidiens
A vivre corps à corps.

Tout naît dans le silence et vit dans la lumière.

INEDITS
2009-2019

LES ATTENDUS

Qui sont-ils ceux là
les yeux grands ouverts
mains tournés sur le monde
pieds debout dans la terre

tirés de leur sommeil
ils tracent sur les nuits
des zébrures au feu clair
pourfendant les matins

en éveil l'œil ouvert
leurs ventres sont féconds
d'utopies à venir
et d'amour non marchand.

ils gisent debout
les doigts sur leur lame
tranchant les nuits sombres
comme miche de pain

les Attendus.

TEMPUS FUGIT

Et tout ce temps qui passe
et repasse
m'enlace
laisse des traces
et tous ces passe-temps
qui croquent les moments
cloquent en surface
les douleurs fugaces
les brûlures des heures
à la croisée des ans
les instants de bonheur
qui partent en dansant
les secondes qui parsèment
ton monde
toi tes théorèmes
ta terre ronde

tu viens à l'évidence
de te rendre lucide
sacré gorgée d'acide

tes transparences fulminent
comme des vers luisants !

DE BOEING ET D'AZUR

Tous ces Boeing sauvages
qui craquent les nuages
balafrent les rayons
des brumes kérosène

le ventre blanc de honte
ils pourvoient à la vente
d'inutiles besoins
et mille pieds plus bas
l'océan n'en a cure.

Il laisse faire.
Sa profondeur rigole.

PARTICULE

Toujours présente
déjà ailleurs
ton regard seul
en modifie le temps
et trouble son espace

accrochée à son ombre
et fuyant le soleil
elle est lumière et onde
fluide simple
inaccessible et là

les logiques glacées
et les raisons carrées
glissent
sans la rattraper
elle est déjà ailleurs

avant après hier demain
elle n'a cure des moments
et se moque de l'histoire
elle croque les instants
toute emplie des mémoires.

CAFE ANGLAIS

J'ai dans la tête
toute la mélancolie du monde
j'énumère en série
le chant des baleines
et les rêves anciens
la clarté des nuits jaunes
sous des lunes énormes
les battements de cœur
au croisement des yeux
les vérités manquantes
et les mensonges pieux.
J'énumère en série pour ne rien oublier
un rond dans le café
que trace la cuillère
qui me revient aux lèvres
Fort et mauvais
comme du café anglais.

POEME DE LA COLLINE

Buée vitre d'hiver
trouble vue
effacée d'un revers
pouce nu

au delà de ce verre
les promesses sont crues
sortir sortir
au froid soyeux de l'air
s'empêcher la retenue

le soleil rit de ses éclats
dans la glace
reflets d'écorce des bouleaux
fixés par une eau dure
et froide

sept tours tu feras
accompagné du soleil
sept tours de froid
pour voir des merveilles.

HAIKU 1

Attente de la pluie
jour parfait à l'intérieur
la goutte est tombée.

HAIKU 2

A la trace du vent
se suspend la lune
au prunier sa prune.

HAIKU 3

Depuis très longtemps
une seconde d'éternité
ne dure qu'une seconde.

HAIKU 4

Banquet d'amour peau
sur toi voyagent mes doigts
long périple chaud

CAP NORD

Des soleils de huit mois
écorchent leurs bavures
à des rochers géants
tailladés au profond
par les flashs imagés
d'un beatnik rêveur.

Dormir aux étoiles
c'est l'impossible fait
d'une aurore boréale
à la brume étirée.

J'ai capté la couleur
de visions incolores
et les murmures salés
d'un vent qui souffle au nord.

CONFESSION

Un orage électrique
fusille les dindons
se prenant pour des anges
et le curé lubrique
tenant sa bible en main
découpe les grillés
en charcutant leurs âmes.

Achevé d'imprimer au mois de mai 2019 par
Books on Demand GmbH, Norderstedt,
Allemagne.